El arte con relación a la arquitectura
La arquitectura con relación al arte

Editorial Gustavo Gili, SL

Rosselló 87-89, 08029 Barcelona, España. Tel. 93 322 81 61
Valle de Bravo 21, 53050 Naucalpan, México. Tel. 55 60 60 11
Praceta Notícias da Amadora 4-B, 2700-606 Amadora, Portugal. Tel. 21 491 09 36

Dan Graham

**El arte con relación a la arquitectura
La arquitectura con relación al arte**

GG mínima

Título original: "Art in relation to architecture. Architecture in relation to art", publicado en *Artforum*, vol. 17, 6, febrero de 1979.

Colección **GGmínima**
Editores de la colección: Carmen H. Bordas, Moisés Puente
Versión castellana: Moisés Puente
Diseño Gráfico: Toni Cabré/Editorial Gustavo Gili, SL

Printed in Spain
ISBN: 978-84-252-2280-1
Depósito legal: B. 2084-2009
Impresión: Gráficas Campás, sa, Badalona

Dan Graham
**El arte con relación a la arquitectura
La arquitectura con relación al arte**
1979

Mientras el arte pop estadounidense de principios de la década de 1960 tenía como marco de referencia el mundo de los medios de comunicación que le rodeaba, el arte minimalista de mediados y de finales de la década de 1960 parecía aludir al interior del cubo de la galería de arte como el destino final de referencia de la obra. Dicha referencia sólo era compositiva; en lugar de una lectura compositiva interna, la estructura formal del arte se presentaría en relación con la estructura arquitectónica interior de la galería de arte. Que la obra se equiparara al contenedor arquitectónico provocaba que ésta se tomara en su sentido literal. Tanto el contenedor arquitectónico como la obra contenida pretendían ser vistos como algo no ilusionista, neutro y objetivamente fáctico; es decir, simplemente como material. Literalmente, la galería de arte funcionaba como parte del arte. Una obra de un artista de ese período (aunque no siempre su obra posterior) examinaba cómo los elementos arquitectónicos *específicos* y funcionales del interior de la galería prescribían el significado y determinaban lecturas concretas para el arte definido dentro de su marco arquitectónico: por ejemplo, las instalaciones con luz fluorescente de Dan Flavin.

Dentro del escenario arquitectónico de la galería de arte, normalmente se hacía caso omiso de la iluminación —incluso de su instalación— o se la consideraba una decoración interior meramente funcional o carente de importancia. Puesto que se suponía que el espacio de iluminación era neutro, la iluminación —que crea tanta neutralidad como las paredes blancas y que, al mismo tiempo, se utilizaba para destacar o centrar la atención de la obra de arte sobre el suelo o la pared— apenas era visible. Mientras que generalmente el fondo hace que la obra se destaque, la iluminación hace que la obra sea *literalmente* visible. El sistema de iluminación, dentro del cual operan los dispositivos concretos de iluminación de una galería, forma parte tanto del equipo de la galería como de un sistema (no artístico) de iluminación general mayoritario y de uso generalizado:

"Creo que el cambiante sistema de iluminación estándar debería respaldar mi idea dentro de él".[1] Las instalaciones de Flavin hacen uso de esta doble función (dentro y fuera de la galería y del contexto artístico), al igual que de la doble connotación de la iluminación como una decoración secundaria y de la neutralidad de la galería como creador funcional anónimo: "Creo que el arte se está desprendiendo de su cacareado misterio en aras de una decoración plena de sentido común, minuciosamente ejecutada. Simbolizar es menguar, volverse ligero. Presionamos hacia abajo, hacia el no arte —un significado recíproco de decoración indiferente desde el punto de vista psicológico—, un placer neutral de ver que todo el mundo conoce".[2]

Para ser relevante, el montaje de los dispositivos de iluminación de Flavin en una galería dependía contextualmente de la función de la galería y del uso arquitectónico socialmente determinado de la luz eléctrica. Ésta guarda relación con una época histórica concreta.

Flavin ha apuntado que cuando deje de existir el actual sistema de iluminación eléctrica, su arte ya no funcionará. Construidos a partir de unidades estándar reemplazables que, en palabras de Flavin, "pueden comprarse en cualquier ferretería", sus montajes de tubos fluorescentes dentro del marco arquitectónico interior (o adyacente exterior) del espacio de exposición sólo funcionan in situ y dejan de funcionar artísticamente fuera del tiempo que dura la exposición. Al contrario de la obra de arte autodefinida o conceptual —como, por ejemplo, los "objetos encontrados" de Marcel Duchamp—,[3] la obra de Flavin adquiere su significado al emplazarse en relación con otras obras de arte o características arquitectónicas concretas en un espacio de exposición. Al formar parte de la arquitectura y de la iluminación de la galería, tiende a enfatizar tanto la iluminación estándar del entorno de la galería, como la función del espacio y la dependencia de otro arte. Situadas dentro de un grupo de otras pinturas y esculturas, las luces de Flavin disturban radicalmente el funcionamiento del otro arte, ya que deja de depender del fondo blanco neutro de las paredes de la galería. La iluminación de fluorescentes afecta a las superficies de los cuadros, destacando o creando sombras que disturban sus planos ilusorios, menoscabando (y, de este modo, poniendo de manifiesto) el latente ilusionismo empleado en su construcción. De un modo parecido, el espacio donde se encuentra el espectador se destaca y dramatiza. El efecto es al mismo tiempo constructivista y expresionista.

En una de sus instalaciones, el uso de luces verdes sumergía el espacio interior en un verde chillón, mientras variaba la visión desde el exterior, definida pictóricamente por el escaparate de la galería, en su postimagen, tiñéndolo de un color morado lavanda. El efecto puede leerse irónicamente como un ilusionismo reversible o, literalmente, como luz (física) y el reverso de la iluminación ilusoria que radia el cuadro convencional.

De un modo sistemático, Flavin ha investigado esta arquitectura de la galería al situar sus montajes de tubos fluorescentes:

a) en la pared, tanto en bandas verticales, horizontales como diagonales;
b) en las esquinas de la sala;
c) en el suelo;
d) en relación con fuentes de luz exterior (cerca de ventanas, puertas abiertas);
e) parcialmente visibles o invisibles, detrás de pilares, soportes arquitectónicos o en huecos;
f) en el vestíbulo, antes de que el espectador entre en la galería, alterando así la percepción del espectador cuando entra a ver la obra.
g) en espacios exteriores que sirven de zona de entrada o antecámara del propio museo y galería.

Del mismo modo que el arte está interiorizado en la sociedad, la arquitectura que lo despliega viene definida por las necesidades sociales generales y por el arte como una necesidad institucional interna. El arte como institución produce significados ideológicos y posiciones que regulan y contienen las experiencias subjetivas de la gente ubicada en el interior de sus fronteras. La obra y los textos de Daniel Buren se centran en la función específica arquitectónica y cultural de la galería en la producción de significado institucional artístico. En general, todo espacio institucional proporciona un plano de fondo que tiene como función definir a su vez qué coloca en el primer plano. Desde tiempos de la Ilustración, los interiores públicos se han despojado en gran parte de ornamentos, son geométricos, utilitarios y se han idealizado. De este modo proporcionaban un fondo perfectamente coherente, clínico, recesivo y blanco para desencadenar las actividades ampliadas del Hombre. La galería de arte es un pariente aristocrático de este cubo blanco convencional. Su principal tarea es albergar en su interior, en un lugar central y a la altura de los ojos, el objeto artístico y concentrar la conciencia del espectador en él, y, al hacerlo, ocultar al espectador toda conciencia de su propia presencia y función: "Nada que no sea la obra (de arte) consigue distraer el ojo [...]. De esta manera, una obra se dramatiza y enfatiza (contra su voluntad o por petición) mediante la llamada arquitectura neutra, o, en efecto, la obra ignora cualquier influencia y tentativa externas para atraer al ojo a pesar del contexto [...]. En la mayor parte de escenarios artísticos corrientes, que ya hemos visto que en la mayoría de los casos son cubos blancos, los problemas planteados por la arquitectura intentan disimularse con el fin de apoyar (artificialmente) el triunfo del arte burgués, cuyo valor así conferido puede autoafirmase 'libremente' dentro del sencillo cobijo que lo recibe".[4]

El movimiento moderno en arquitectura es la historia de dos conceptos contradictorios del papel del arquitecto: por un lado, se considera al arquitecto como un ingeniero y, por otro, un artista. El funcionalismo —desde los constructivistas rusos, pasando por Le Corbusier y culminando en la escuela de la Bauhaus de Walter Gropius— puede considerarse un método para resolver este conflicto y las contradicciones entre ambos sistemas de valores burgueses: el humanismo y el operativismo tecnológico. Tal como imaginó la Bauhaus, la solución reside en someter a un análisis "científico" la obra arquitectónica y las necesidades humanas con el fin producir un sistema funcional.

Se consideraba que las necesidades humanas eran necesidades sociales que debían incorporarse en un programa unificado (total) formal (estético). Se utilizaría un lenguaje abstracto compuesto "científicamente", como los elementos básicos de la física, para producir una arquitectura materialista construida a partir de un lenguaje de formas elementales e ideales. Basada en un análisis total y reductivo de la forma estética, las necesidades sociales y los requerimientos técnicos, esta postura permitió que la ciencia y la tecnología se unieran a la estética por el interés del progreso social. El arte y la arquitectura se construirían a partir de unidades modulares abiertas, democráticas y recomponibles (en oposición a los bloques totalitarios). Como la tecnología pura, el arte y la arquitectura acabaron identificándose con la primitiva noción del "arte por el arte", puesto que los arquitectos de la Bauhaus consideraban que la función de su arquitectura era la creación de un lenguaje "autónomo", un lenguaje liberal, antirretórico, antisimbólico y (supuestamente) libre de toda contaminación ideológica, un lenguaje utópico de pura función y materialidad.

Puesto que en el edificio funcionalista la forma simbólica —el ornamento— ha sido (aparentemente) eliminada (habiéndose fusionado forma y contenido), no existe distinción entre la forma y su estructura material; es decir, la forma no representa ni más y ni menos *que* el material. Por otro lado, se considera que una forma o edificio sólo representa la función que contiene, equiparando la eficacia estructural y funcional con el verdadero uso que hacen del edificio quienes lo utilizan. Desde el punto de vista estético, esta idea se expresa en la fórmula "la forma eficaz es bella y la forma bella es eficaz", lo que tiene una dimensión "moral": "eficaz" denota una postura pragmáticamente "científica", aparentemente no contaminada por la "ideología", que tiene un valor (capitalista) de uso ("eficaz" hace referencia a en qué medida un edificio contribuye a las operaciones de la empresa que alberga).

Si examinamos los últimos edificios de Mies van der Rohe, en especial sus edificios corporativos de oficinas, utilizan los "muros cortina" de vidrio transparente que eliminan la distinción —y la contradicción— entre el exterior y el interior. Utilizan el vidrio y el acero como materiales "puros", por su materialidad. Hasta hace poco, estos edificios derivados de la Bauhaus estaban enfundados en vidrio transparente. Se leían de dentro afuera, dejando patente su construcción funcional. La función del edificio se expresa en términos de la materialidad manifiesta y estructural del vidrio y del acero expuestos directamente a la vista, al igual que las actividades humanas que se desarrollan en el interior del edificio. La función *social* del edificio viene subsumida en la revelación formal de su construcción técnica, material y formal (de sí misma). La neutralidad de la superficie, su "objetividad", centra la mirada del observador exclusivamente sobre su aspecto material y sus cualidades estructurales, desviándola del significado y del uso del edificio en la jerarquía del sistema social. El vidrio provoca al espectador la ilusión de que lo que ve es exactamente lo que es. A través del vidrio se pueden ver el trabajo técnico de la empresa y la ingeniería de la estructura del edificio. La transparencia literal del vidrio no sólo objetiviza falsamente la realidad, sino que conforma un camuflaje paradójico: mientras que la función actual de la corporación puede ser concentrar su poder autosuficiente y controlar mediante la ocultación de información, su fachada arquitectónica da la impresión de una apertura absoluta. La transparencia es sólo visual: el vidrio separa lo visual de lo verbal, aislando a los intrusos del lugar de toma de decisiones y de lo visible, a excepción de las verdaderas conexiones entre las operaciones de la empresa y la sociedad.[5]

En el intento por eliminar la disparidad entre la fachada (que convencionalmente media su relación con el ambiente exterior) y su función privada e institucional, este tipo de arquitectura parece eliminar la distinción entre la forma exterior y la función interior. El edificio autosuficiente de vidrio transparente niega tener un exterior y participar como un elemento en el lenguaje de los edificios del entorno. Más que aceptar el entorno, en su declaración formal, con el lenguaje social del entorno construido comercialmente al que pertenece, el edificio clásico moderno es distante y no comunicativo. No reconoce que normalmente también él mismo es una proposición comercial. El funcionalismo del edificio oculta su menos evidente función ideológica, justificando el uso de la tecnología o la burocracia tecnocrática a través de grandes corporaciones o gobiernos para transmitir a la sociedad su particular versión del orden. Mientras otros edificios poseen signos convencionales de su función orientados hacia el escrutinio público, la fachada de los edificios de vidrio es invisible y no retórica. La pureza estética del edificio de vidrio, que se yergue aislado del entorno común, es transformada por su propietario en una coartada social para la institución que alberga. El edificio reclama una autonomía estética sobre el entorno (a pesar de su autonomía formal), aunque manifiesta una "apertura" transparente al entorno (*incorpora* el entorno natural). Esta estratagema retórica legitima y naturaliza de un modo eficaz la demanda de autonomía de la institución corporativa ("El mundo de General Motors"); el edificio construye el mito corporativo. Un edificio con vidrio en sus cuatro caras parece abierto a la inspección visual; de hecho, el "interior" se pierde en la generalidad arquitectónica, en la aparente materialidad de la forma exterior, o en la "Naturaleza" (la luz, el sol, el cielo y el paisaje que se vislumbra en el otro lado, a través del edificio). De este modo, el edificio se alza apartado de todo lenguaje, excepto del suyo propio.

Desde el punto de vista filosófico, el formalismo estético y el funcionalismo en arquitectura son similares. Por la misma razón, la arquitectura funcionalista y el arte minimalista comparten la confianza subyacente en la noción kantiana de forma artística como una "cosa en sí", perceptiva y mental; tal confianza presupone que los objetos artísticos constituyen la única categoría de objetos "sin uso", objetos de los que el espectador obtiene placer desinteresado. El arte minimalista y la arquitectura posterior a la Bauhaus también comparten su materialismo abstracto y su metodología formalmente reductiva. Participan de una confianza en la forma "objetiva" y en una autoarticulación interna de la estructura formal en aparente aislamiento de los códigos simbólicos (y figurativos) de significado. Tanto el arte minimalista como la arquitectura funcionalista niegan los significados connotativos y sociales y el contexto del resto del arte o de la arquitectura circundante.

A finales de la II Guerra Mundial, tres arquitectos de la Bauhaus —Walter Gropius, Mies van der Rohe y Marcel Breuer— emigraron a Estados Unidos y se establecieron como profesores influyentes en grandes departamentos universitarios de arquitectura. Allí, como defensores del movimiento moderno, educaron a una nueva generación de arquitectos estadounidenses. Los historiadores de la arquitectura Henry-Russell Hitchcock y Philip Johnson llamaron "estilo internacional" a la arquitectura que estos nuevos arquitectos y sus antiguos profesores de la Bauhaus producían. Las torres clasicistas de oficinas de vidrio y edificios de apartamentos de Mies van der Rohe se convirtieron en el nuevo estándar de la tecnología estadounidense, puesto que este estilo era fácilmente exportable a otras zonas del mundo por las grandes empresas del país. El clasicismo de Mies van der Rohe se basaba en una aparente honestidad de los materiales (los materiales se veían como lo que eran en lugar de disfrazarse con ornamentación) unida a una noción idealizada, "universal" y altamente abstracta del espacio. Estos edificios modernos pronto se convirtieron en populares envases para las sucursales de oficinas corporativas internacionales (multinacionales) en las capitales del "mundo libre".

Utilizado como sucursal en el extranjero, el edificio de estilo internacional funciona desde el punto de vista ideológico como una base lógica neutra y objetivada para la exportación del capitalismo por parte de Estados Unidos, aunque sus defensores hubieran preferido que se lo considerara una mera forma abstracta (no simbólica). Karl Beveridge e Ian Burn han apuntado esta lógica relación entre las actividades de Estados Unidos y la forma de su arquitectura y arte corporativos durante el período de posguerra: "Una tecnología que es democrática porque es buena, neutra y progresista, una tecnología que está igualmente disponible para todos; los medios para una vida mejor y libres de predisposición ideológica. El artista estadounidense de las décadas de 1960 y 1970 ha reproducido este comportamiento, convirtiéndose en ingeniero cultural del 'arte internacional' ".[6]

No es que algunos artistas y arquitectos estadounidenses no hayan sido conscientes del dilema de una posible expropiación de su obra, una vez ubicada en el sector público, debido a los intereses del *establishment* elitista y a la comercialización de la cultura de masas. Los artistas estadounidenses políticamente conscientes han desarrollado dos estrategias estéticas básicas para manejarse con esta doble expropiación social. La primera consiste en evitar que los medios de comunicación empaqueten el producto artístico de una forma automática por medio del simple procedimiento de hacerse con el propio paquete artístico. Los artistas pop estadounidenses de la primera mitad de la década de 1960 utilizaban equívocos entre la imitación de los clichés culturales empaquetados previamente por los medios de comunicación (aceptando en cierto sentido el código y la lectura popular o vernácula) y varios mecanismos formales de distanciamiento que hacían que lo "común" y lo ordinario pareciera extraño (dado que estos mecanismos son un método formal y artístico, ello también permitía leer sus obras como "el arte por el arte"). Una segunda estrategia consistía en utilizar técnicas y temas populares *y al mismo tiempo* (*en la misma obra*) permitir que la obra se leyera alternativamente desde un punto de vista formal, desde una perspectiva de "gran" arte. Una obra de Roy Lichtenstein, por ejemplo, puede ser tanto "el arte por el arte" como algo asimilable a los significados culturales populares. Ambas lecturas son simultáneamente válidas. Debido a que era aparentemente efímera en términos de código popular, dicha obra no podía asimilarse inmediatamente en las instituciones de la "alta" cultura; y a la vez, la obra tampoco podía asimilarse inmediatamente en el sistema de valores de la cultura comercial y popular (aunque hablara el mismo lenguaje) debido a su anclaje en el "gran" arte. El aspecto de ambas lecturas equivalentes, totales y completas, permite que la obra cuestione la posición del espectador que plantea cada una de estas lecturas y también permite un cuestionamiento tanto de los supuestos formales "populares" como de los del "gran" arte. Como Lichtenstein le dijo a Gene Swenson: "Creo que mi obra es diferente a las tiras de cómic; aunque yo no lo llamaría una transformación; no creo que, sea lo que sea, su significado sea importante para el arte. Lo que yo hago es forma, mientras que la tira de cómic no está conformada en el sentido que utilizo de la palabra; los cómics tienen formas, pero no ha habido un esfuerzo por hacer que éstas estén intensamente unificadas. El propósito es diferente; el cómic intenta representar y yo intento unificar [...]. Los héroes representados en los cómics son unos tipos fascistas, pero no me los tomo en serio en estos cuadros; quizá haya un tema en no tomármelos en serio, un tema político. Yo los utilizo por razones puramente formales y no es para eso para lo que fueron inventados esos héroes. El arte pop tiene significados muy inmediatos y del momento, que desaparecerán —ese tipo de cosas son efímeras—, y saca ventaja de su 'significado', que se supone que no va a durar, para distraerte de su contenido formal. Creo que la oposición formal de mi obra se hará más clara con el paso del tiempo".[7]

La elección de Lichtenstein por estrategias indirectas y en última instancia artísticamente autorreferenciales, estéticas y "políticas" es típica de los artistas "progresistas" de la década de 1960, quienes creían que, como mucho, la radicalidad de sus actividades artísticas podían "introducirse paulatinamente" en la sociedad, a pesar de que el arte podía utilizar los medios de comunicación de masas —los clichés populares— para su "contenido". Sin embargo, aunque se reproducía ("de segunda mano") en los medios de comunicación de masas o podía verse en las galerías de arte, la obra de Lichtenstein sí que permitía una lectura dual. Lichtenstein es ambivalente respecto a su deseo de calificar su trabajo como político. En la cultura estadounidense, definir automáticamente una obra como "política" la categoriza como arte académico o "gran" arte; la cultura de masas tendrá poco interés en ella porque supone que es una actitud condescendiente con el público de masas. Como categoría, "lo político" está codificado negativamente: significa "aburrido". Las películas de Andy Warhol, sus cajas de detergente Brillo presentadas como si fueran esculturas, *Mary Hartman, Mary Hartman*[8] y el grupo de rock The Ramones constituyen diversos ejemplos de obras conscientes de sí mismas colocadas en los medios públicos de comunicación y capaces de lecturas duales como formas tanto de "alta" como de "baja" cultura; sin embargo, irónicamente, no son ni una cosa ni otra.

Resulta fácil condenar esta postura desde un punto de vista racionalista y marxista porque la obra parece utilizar subterfugios en su postura ante la cultura de masas vulgarizada y comercial, aunque utilice algunas de sus convenciones y opiniones. En lugar de negar la degradada cultura popular estadounidense (y proponer una alternativa), parece tanto reflejarla de una forma pasiva como celebrarla de una forma activa. Los críticos europeos "letristas" de la arquitectura equiparan la cultura de masas con el irracionalismo fascista y consideran el racionalismo socia-lista tanto una "negación" de la cultura de masas "degradada" como la *única* solución "constructiva" ante los problemas a los que se enfrenta. Ellos consideran la actual sociedad estadounidense en términos de la Europa de la década de 1930. De un modo similar, en su crítica al uso que se está haciendo del estilo internacional estadounidense, utilizan un modelo idealista e histórico como un estándar incondicional. Por razones históricas, para ellos el arte "revolucionario" se identifica con el constructivismo ruso. De hecho, el trabajo del arte y de la arquitectura rusos después de la Revolución se puso en contexto respecto a las condiciones y las necesidades de aquella época: los arquitectos deseaban purgar elementos personales simbólicos (aristocráticos, "el arte por el arte") del lenguaje arquitectónico para hacer que los medios de la producción artística y arquitectónica fueran funcionales y sociales.

El Lissitzky resumía esta postura:
  "a) negación del arte como hecho puramente emocional, románticamente aislado e individual;

b) creación 'objetiva', con la secreta esperanza de que el producto realizado sea más tarde considerado como obra de arte;

c) creación que se plantea conscientemente con vistas a una arquitectura que produzca un efecto cumplidamente artístico sobre una base preconstruida y objetivamente científica.

Esta arquitectura elevará activamente el nivel general de vida".[9]

La dificultad de aplicar los estándares constructivistas a los problemas arquitectónicos y sociales actuales estriba en que imponen orejeras sobre la realidad tal como existe en el presente. El teórico neoconstructivista desea rehacer esta realidad según soluciones "revolucionarias" (de hecho, altamente elitistas) establecidas "desde arriba" y sólo en términos de su propio lenguaje especialista y teórico.

Como la arquitectura funcionalista del estilo internacional, el arte minimalista y el arte conceptual de la década de 1960 parecía reclamar una autonomía respecto al entorno social circundante. Sólo se representaba a sí mismo como un lenguaje fáctico estructuralmente autorreferencial. Deliberadamente, buscaba suprimir tanto las relaciones interiores (ilusionistas) como las exteriores (figurativas) para conseguir un grado cero de significación. Karl Beveridge e Ian Burn señalan que cuando los grandes negocios, el gobierno o el *establishment* cultural hacen uso de este tipo de arte, dentro del país y como producto cultural de exportación, quizá trabajan en sentido contrario a las intenciones del artista, ya que confirman la ideología apolítica y tecnocrática de Estados Unidos, pues "reproducir una forma de arte que niega el contenido político o social [...], proporciona de hecho una racionalización cultural justamente para tal denegación".

Al rechazar el reduccionismo y el utopismo de la doctrina arquitectónica moderna, Robert Venturi y sus colaboradores proponen una arquitectura que acepta las condiciones actuales, las realidades sociales y la economía de una situación concreta. Para los edificios comerciales dentro del seno de una sociedad capitalista, esto significa tomar en serio la sintaxis de lo popular vernáculo, incluyendo la relación del edificio y su entorno construido, el programa del cliente en cuyo nombre se construye y la lectura y apropiación cultural del edificio por parte del público. Un edificio de Robert Venturi y John Rauch confía tanto en el gusto popular como en los códigos especialistas. Al desplegar abiertamente su retórica y su función (social) y al utilizar códigos convencionales contradictorios en el mismo edificio, Venturi se decanta por una arquitectura realista (convencional) y multivalente, cuya estructura es convencional (semiótica) más que abstracta o materialista y cuyo objetivo consiste básicamente en comunicar. El proyecto no construido de Venturi y Rauch para el estadio de fútbol Hall of Fame (1967) es un ejemplo de combinación entre una alusión arquitectónica y mecanismos comunicativos tomados de lo popular vernáculo.

Al contrario de los "maestros" modernos que abogaban por soluciones no convencionales, Venturi aboga por el uso de convenciones conocidas, incluso rutinarias. Al prescindir del mito del edificio "heroico y original" (que, en su búsqueda de nuevas formas y del uso expresivo de los materiales, simplemente ha impulsado la economía del superávit del tardocapitalismo y ha ayudado a proporcionar la coartada de la "alta cultura" a las grandes corporaciones), la postura de Venturi y sus socios lleva implícita una crítica a la ideología posbauhaus. La Bauhaus había asociado la eficacia a la idea de innovación técnica y formal: el diseño "revolucionario" sería diseño "eficaz". En la actualidad el diseño "eficaz" es más simbólico que real; no simboliza la eficacia de los costes, sino que es la corporación la que ha construido el poder hegemónico de la estructura (posiblemente debido a su uso eficiente de la tecnología social). A pesar de que la estructura del edificio puede considerarse "revolucionaria" (en un sentido estético), a menudo su función no es más que reaccionaria (en un sentido social). Venturi prefiere tomarse en serio los supuestos ideológicos y simbólicos de lo vernáculo cultural a la hora de determinar su programa. Puede suponerse que la "democracia" y el "pluralismo" pragmático como valores ideológicos y convenciones culturales dados de lo vernáculo local forman parte del objeto arquitectónico y, puesto que los toma en consideración, son libres de emerger en términos de retórica del edificio con significados y lecturas alternativas.

El hecho de que Venturi y Rauch aboguen por las formas y técnicas convencionales tiene una dimensión económica. En los edificios públicos normalmente es más eficaz (si nos referimos a costes) construir convencional-mente, tanto en términos formales capitalistas como de la Bauhaus. Si el "buen diseño" cuesta el doble, entonces el "buen diseño" no es realista y necesita una redefinición. Y, como apunta Denise Scott Brown, en la práctica, el estilo de la Bauhaus del dise-ño total, que normalmente defienden los comités gubernamentales de planificación, generalmente se "utiliza para traicionar más que para apoyar las preocupaciones sociales de donde [...] nace".[10]

La cuestión que suscita la obra de los artistas pop británicos y estadounidenses y la de Robert Venturi es cuál es el efecto sociopolítico del arte y de la arquitectura sobre su entorno *inmediato* y qué relación mantienen con él. De hecho, esta cuestión está implícita en toda obra arquitectónica simplemente en virtud de una base pragmática y cotidiana. Aquello que Venturi se apropia de los artistas pop es el entendimiento de que no sólo se puede ver la estructura interna de la obra arquitectónica en términos de relación de signos, sino que todo el entorno construido (cultural) con el que se conjuga el edificio está construido a partir de signos. El arte pop reconoce un código común de signos esquemáticos, significados convencionales y símbolos que conectan los signos vernáculos ambientales con los artísticos y los arquitectónicos. La oposición del arte abstracto al realismo figurativo rechaza que una obra abstracta hable el mismo lenguaje que su entorno circundante. La ideología del arte abstracto equipara el realismo al arte figurativo y, sucesivamente, con un ilusionismo que puede manipularse para transmitir una información univalente e ideológicamente reaccionaria a las masas, quienes sólo podrían entender la vieja convención (un ejemplo que se cita a menudo es el realismo socialista de la Rusia estalinista). Al arte moderno se le ha exigido que se desprenda del significado ilusionista y connotativo para que forje un lenguaje puramente formal, abstracto y funcional. Para los modernos, el realismo se identifica no sólo con el arte figurativo, sino también con un pragmatismo moralmente peyorativo. Si se consideran el entorno cultural y el "real" en términos de una codificación semiótica conectada desde el punto de vista cultural, y si en la práctica una obra abstracta también funciona simbólicamente en relación con otros signos culturales, entonces es necesario un "nuevo realismo" cuya base sea la función del signo en el entorno.

En arquitectura los signos pueden ser tanto denotativos, signos *arquitectónicos* que se refieren al propio edificio, como connotativos, que representan aquello que se encuentra dentro del edificio (literal o metafóricamente), o significados alternativos, quizá contradictorios, de cualquier parte. Ambos tipos de signos arquitectónicos se conectan con el sistema codificado de signos del que forman parte y con el resto de signos del entorno cultural.

Al contrario de los edificios de Mies van der Rohe y sus discípulos, cuyo purismo idealista sirve de velo a las prácticas de negocio de unas corporaciones no tan prístinas, los edificios de Venturi y Rauch incorporan lo "comercial" en su código, lo que les permite, irónicamente, hacer comentarios sobre el entorno comercial predominantemente capitalista del paisaje construido estadounidense. Esto constituye un reconocimiento de que en arquitectura los significados no son inherentes a, o se encuentran exclusivamente enmarcados dentro de, la propia obra de arquitectura, sino que ésta ya existe como parte de un entorno donde se ubica el edificio. Un buen ejemplo es la Guild House de Venturi y Rauch donde, en lugar de idealizar o edulcorar la realidad de la vida de los ancianos, con el entorno circundante bastante banal del edificio o su naturaleza institucional, el edificio simplemente intenta poner de manifiesto cuáles son esos supuestos. Todo ello se efectúa mediante la construcción de un edificio estándar barato y mediante la expresión de una ideología (que se muestra en las aspiraciones de elegancia del edificio) que sugieren significados simbólicos alternativos. De esta manera, Venturi y Rauch construyen de una manera convencional, pero utilizan este "convencionalismo" de un modo no convencional para expresar las condiciones humanas de un modo realista y discursivo.

En esta fusión antiutópica y antiintrospectiva de realismo e ironía, esta postura es análoga a la del arte pop. Por arte pop Roy Lichenstein entiende: "Una implicación con lo que creo que son las características más descaradas y amenazadoras de nuestra cultura, aspectos que también ejercen un poderoso impacto sobre nosotros. Creo que desde Cézanne el arte se ha vuelto extremadamente romántico y poco realista, alimentándose de sí mismo; es utópico. Ha tenido menos que ver con el mundo, parece neo zen introvertido y todo eso. Más que una crítica, se trata más bien de una observación evidente. Allí fuera se encuentra el mundo; está allí. El arte pop mira fuera, al mundo: parece que acepta su entorno, que no es ni bueno ni malo, sino diferente; otro estado mental".[11]

En concreto, Venturi reconoce la influencia del arte pop, al igual que la de la cultura "popular":[12] prefiere poner de manifiesto la función simbólica de un edificio enfatizándola, lo que se efectúa dentro de un código que no sólo se entiende en el mundo de la arquitectura, sino también en el vernáculo. Un ejemplo es la propuesta para el Ayuntamiento de Canton, Ohio (1965), que forma parte de un mayor plan urbano, "cuya fachada es más importante que su parte trasera […]. El cambio de tamaño y escala de la fachada del Ayuntamiento también es análogo a las fachadas falsas de las ciudades del Oeste y por la misma razón: para tener en cuenta las demandas espaciales urbanas de la calle […]. El muro pantalla delantero […] está cubierto por losas muy finas de mármol para recalcar el contraste entre la fachada delantera y la parte trasera […]. La enorme bandera es perpendicular a la calle, por lo que se ve como un anuncio comercial".[13]

Desde el punto de vista emotivo y con un código comprensible para todos los estadounidenses, exhibir la bandera en un edificio público indica al menos dos lecturas relacionadas: el orgullo de los ciudadanos estadounidenses por su país y, especialmente cuando se muestra la bandera en un edificio comercial, confundir el capitalismo con el sistema (o gobierno) estadounidense.

Resulta interesante comparar el uso que hace Venturi de una bandera simbólica en un edificio público con la obra reciente de Daniel Buren, quien utiliza colgantes parecidos a banderas en sus instalaciones convencionales de bandas verticales. *In the wind: A displacement* —una obra de 1978 que formaba parte de la exposición *Europe in the seventies: Aspects of recent art* celebrada en el Hirshhorn Museum de Washington DC— consistía en ocho banderas colgadas de unos mástiles en el patio central del museo (una zona que puede considerarse como interior cuando se contempla desde las ventanas interiores del museo y como exterior desde el punto de vista del público que se encuentra fuera del museo, pues es una ampliación del patio de entrada). Las banderas cuelgan perpendiculares al edificio con sus mástiles ligeramente inclinados hacia arriba; en otras palabras, tanto en relación al espectador como al suelo, las bandas verticales se leen de la misma manera convencional como se leen las banderas de Estados Unidos. Las banderas se dispusieron en una secuencia circular, de modo que si la primera bandera es azul y blanca, la segunda es negra y blanca, la tercera naranja y blanca, la cuarta negra y blanca, la quinta verde y blanca, la sexta negra y blanca, la séptima amarilla y blanca y la octava es negra y blanca. Mientras el proyecto de Venturi y Rauch reconoce de un modo irónico la potencia simbólica de la bandera de Estados Unidos, la obra de Daniel Buren neutraliza toda lectura connotativa de la obra, haciendo referencia a su posición arquitectónica y ayudando a poner de manifiesto las suposiciones y las funciones de la arquitectura y del arte. La obra de Buren está diseñada para negar su propio potencial de apropiación tanto como "gran" arte como por su contenido simbólico. Por ejemplo, el uso de banderas con bandas blancas y negras alternadas entre cada bandera de colores es una manera de anular la presencia de contenidos rivales simbólicos que la obra (una suma de banderas) podría poner en relación con la función simbólica de las (otras) banderas.

Al contrario del edificio funcionalista y de la neutralidad de los medios materiales de la obra de Buren, la arquitectura de Venturi reconoce los mismos códigos comunicativos de los que se aprovecha la arquitectura vernácula (normalmente vender productos). En *Aprendiendo de Las Vegas*, Robert Venturi, Denise Scott Brown y Steven Izenour critican el nuevo Ayuntamiento de Boston[14] (una megaestructura moderna) por no reconocer sus suposiciones simbólicas o aspiraciones de monumentalidad. Observan que hubiera sido más barato (más eficaz) haber construido un edificio convencional para satisfacer los requerimientos funcionales del Ayuntamiento coronándolo con un gran letrero: "El Ayuntamiento de Boston y su complejo urbano son el arquetipo del ilustrado *urban renewal*.[15] La profusión de formas simbólicas [...] y el *revival* de la plaza medieval y su *palazzo pubblico* resultan al final un fastidio. Son demasiado arquitectónicos. Un ático convencional de una torre de oficinas albergaría mejor a la burocracia, quizá rematado por un rótulo parpadeante que dijera SOY UN MONUMENTO".[16]

Puesto que los edificios de Venturi y Rauch admiten más de un código lingüístico, a veces pueden expresar valores actuales contradictorios más que estar ligados a un lenguaje "elevado" de una forma unificada. Venturi, Scott Brown e Izenour critican a los arquitectos estadounidenses de clase media alta por su rechazo de las formas y de la importancia simbólica de su propia arquitectura vernácula: "Entienden el simbolismo de Levittown[17] y no les gusta, ni están dispuestos a suspender su juicio acerca de él para aprender, y aprendiendo, llegar a un nuevo juicio más sensato respecto al contenido de los símbolos [...]. Los arquitectos encuentran desagradables las aspiraciones sociales de la clase media alta y que gusta de formas arquitectónicas no arracimadas, sólo ven bien el simbolismo de los paisajes residenciales suburbanos [...]. Reconocen el simbolismo pero no lo aceptan. Para ellos, la decoración simbólica de los tinglados urbanos representa los valores materialistas y degradados de una economía de consumo en la que las técnicas de venta lavan el cerebro de la gente hasta privarla de toda capacidad de elección, con sus vulgares violaciones de la naturaleza de los materiales y su contaminación visual de la sensibilidad arquitectónica [...]. Construyen para el Hombre, pero no para el pueblo, lo cual significa servirse a sí mismo, es decir, regirse por los valores de su propia clase media alta, valores que asignan a todo el mundo. Otro punto evidente es que la 'contaminación visual' (que puede afectar siempre a la casa o al negocio del prójimo) no es un fenómeno del mismo orden que la contaminación de la atmósfera o del agua. A uno le pueden gustar las vallas anunciadoras sin por ello aprobar los *strips* de los pueblos mineros".[18]

De un modo parecido, el "embellecimiento" sustituye al planeamiento ecológico serio y ha sido promovido agresivamente por

Lady Bird Johnson,[19] grandes promotoras
y la petrolera Exxon; claramente sirve a los
intereses ideológicos de quienes más tienen
que perder si se desafía seriamente la idea
de la dependencia de Estados Unidos de la
economía de consumo y del excesivo uso
de energía.

Venturi y Rauch mezclarán el "bajo" código
comercial con el "alto" arquitectónico, de
modo que la imagen comercial de uno de sus
edificios tiende a subvertir su lectura como
un "alto" valor arquitectónico. Y a la inversa,
las referencias históricas y arquitectónicas
concretas en sus edificios tienden a cuestionar, a colocar en una perspectiva histórica,
los supuestos normalmente inmediatos y
sin examinar comunicados mediante códigos
comerciales y populares. Este código comercial ha evolucionado para fundir los intereses
de los deseos de la clase media. El código de
la "alta" arquitectura es una coalición entre
los valores "culturizados" de la clase media
alta, del "gusto" del escalón más elevado del
establishment, con valores de la profesión

de la arquitectura como institución. El estilo internacional unifica los valores de la clase media alta con los de la clase alta por el interés de los negocios corporativos y del gobierno; al mismo tiempo, mira con desdén el "deterioro" y la "contaminación visual" que percibe en la compleja diversidad de códigos más pequeños, menos organizados y de clase baja que representan un sistema de valores alternativo.

Venturi utiliza la ironía como un medio para reconocer las realidades políticas contradictorias más que para suprimirlas o resolverlas de un modo (falsamente) trascendente, utilizándola para poner de manifiesto ciertas suposiciones del programa dado de un edificio. Este uso de la ironía como mecanismo de "distanciamiento" sugiere la idea de Bertolt Brecht del estilo consciente de sí mismo al actuar (tal como se encuentra en el teatro clásico chino): "El intérprete chino se limita simplemente a citar al personaje que interpreta [...]. La propia observación del intérprete, un ingenioso y artístico arte de autoalienación, frena al espectador de perderse completamente en el personaje […]. La empatía del espectador no se desestima completamente […]. El objeto del artista consiste en parecer extraño y sorprendente ante el público […]. De este modo, los aspectos cotidianos se elevan por encima del nivel de lo obvio y de lo automático".[20]

En el entorno comercial, las formas arquitectónicas "puras" a veces se ven modificadas o violadas por la aplicación de signos verbales. Tal como han observado Walter Benjamin y Roland Barthes, es algo muy común en los medios de comunicación en general: "Actualmente, a nivel de las comunicaciones de masas, parece evidente que el mensaje lingüístico esté presente en todas las imágenes: como título, leyenda, artículo de prensa, diálogo de película, bocadillo".[21]

"Los actuales diarios ilustrados comienzan a plantarle ante la vista [del espectador] postes indicadores por doquier. Sean correctos o falsos, es lo mismo. En ellos se hizo el rótulo por primera vez obligatorio. Y está claro que éste tiene un carácter totalmente distinto del que es propio del título de un cuadro. Las directrices que proporcionan los créditos al observador de imágenes de revistas ilustradas se vuelven más explícitas e imperativas en el cine, donde la concreta comprensión de cada imagen individual aparece prescrita por la secuencia de las imágenes anteriores".[22]

A menudo, las fachadas de Venturi y Rauch funcionan como modificadores lingüísticos del edificio al que se han pegado. Por ejemplo, bajo el aparato de luz de cuarzo que ilumina el gran número "4" pintado en lo alto de la estación de bomberos 4 en Columbia (Indiana, 1965), un letrero verbal y heráldico en sí mismo, se han insertado dos ladrillos negros en la obra de fábrica blanca que conforma la fachada para subrayar el aparato luminoso; la línea funciona como una ironía literaria y como estilos decorativo y arquitectónico simultáneamente.

Al caminar o conducir un coche por Main Street puede verse una fila de letreros en secuencia. Cada letrero destaca respecto al anterior y al siguiente y tiene un significado prescrito y distinto con relación a los otros letreros que lo rodean y definen, en términos de su posición. Para que un letrero transmita significado debe conformar un código general compartido con los letreros circundantes y distinguirse —establecer su posición relativa— del resto de letreros. El significado de cada letrero depende en última instancia de su posición relativa respecto al resto. Los letreros cambian (y reaccionan al cambio con otros letreros) en relación a su función, a los cambios generales dentro de un código de signos y a los cambios en la secuencia de signos de los que forman parte. Las funciones de los edificios cambian (una agencia inmobiliaria podría pasar a ser una clínica médica y más tarde utilizarse como concesionario de coches o galería de arte), lo que se refleja en su representación dentro del sistema de signos.

Alrededor de principios de la década de 1970, esta noción de arte como continua innovación acabó siendo cuestionada seriamente. Las preocupaciones de índole ecológica habían generado un nuevo *ethos* cultural que no aceptaba la idea de progreso, con su imperativo de experimentar con la naturaleza para crear un futuro siempre nuevo. La conservación de los recursos naturales vino pareja a la conservación del pasado. Estos cambios en la perspectiva social se vieron reflejados culturalmente en la moda de la década de 1970 por recreaciones "históricas" de pasadas décadas, en la "nueva nostalgia", así como en la imagen neocolonial de las fachadas y la decoración de las formas arquitectónicas vernáculas.

Los aspectos históricamente eclécticos, domésticos (nacionales, indígenas, vernáculos y "sencillos" como algo opuesto al estilo internacional), de este estilo debían algo a la "alta" arquitectura de los posmodernos de finales de la década de 1960 (Robert Venturi, Charles Moore, etc.), pero utilizaban estas influencias para sus propios objetivos ideológicos. Es posible que en su aspecto nostálgico, el *revival* no intente aclarar sino velar una lectura precisa del pasado reciente: la conexión entre "como éramos" y la posición en la que estamos ahora. En lugar de revestir integridad, la historia de la posguerra hasta el presente se rompe en una confusión de décadas delimitadas autónomas; primero se revive la década de 1930, después la de 1950 y ahora la de 1960. El acceso por parte del público a estas épocas "mágicas" se confunde aún más con la nostalgia personal: la historia tiene "memoria", la memoria asociada por los medios de comunicación al tiempo en el que yo "crecí". Como la forma cultural del Oeste, la memoria culturalmente mediada de cumplir la mayoría de edad en una de estas décadas recientemente pasadas representa el pasado de Estados Unidos. En las representaciones de los medios de comunicación, el tiempo presente aparece confundido con el particular tiempo "pasado" que se está reviviendo. En las películas y series de televisión como *Happy days*, *Laverne and Shirley* y *The Waltons* puede verse la proyección de los "problemas" actuales de gran parte de la clase media representados por personajes de la clase media baja (posiblemente "nuestros" antepasados familiares, eliminada una generación) situados atrás en el tiempo, en las décadas de 1930, 1940, 1950 o 1960, medio descritas con precisión y medio recordadas nostálgicamente.

El problema de la autenticidad de las reconstrucciones históricas se considera actualmente crucial, no sólo en la "nueva nostalgia" de la cultura popular, sino también en el reciente interés, claramente paralelo, de la arquitectura por la naturaleza de la sintaxis histórica: ¿qué hace que un edificio sea verdadero o falso?, y ¿qué constituye una tradición arquitectónica?

"Contemplemos [estos] edificios, la taberna Raleigh en Colonial Williamsburg y la gasolinera de la década de 1970 llamada 'Williamsburg'. Si la reivindicación por la autenticidad consiste en que, de hecho, deben haberse construido en el siglo XVIII, o como réplicas exactas, entonces, desgraciadamente, la gasolinera y las partes que parecen reconstruidas de Williamsburg deben considerarse falsas. E incluso el uso de cañerías interiores y electricidad en Gunston Hall podría considerarse un compromiso. Sin duda, tal definición poco realista de la autenticidad supone que la tradición arquitectónica no puede cambiar con el paso del tiempo sin perder validez o derrumbarse en su totalidad [...].

Una tradición arquitectónica se compone tanto de referencias a un tipo ideal como de adaptaciones a las circunstancias particulares. Desde este punto de vista, la tradición colonial es más que un conjunto de edificios del siglo XVIII o réplicas recientes. Dicho de otro modo, la tradición colonial es una colección de elementos arquitectónicos que se utilizan en edificios contemporáneos para evocar al ojo moderno (y al corazón moderno) tanto las formas como las dimensiones y, finalmente, el ambiente del Estados Unidos del siglo XVIII".[23]

En la forma de una alusión arquitectónica, lo histórico significa un ideal; pero su significado específico sólo tiene relevancia en su relación con los significados actuales circundantes expresados mediante signos existentes en el entorno. Y esto nunca es una representación neutral, sino activa y presente, que explica desde una perspectiva ideológica el pasado en relación con la realidad presente. El pasado es simbólico, nunca "fáctico". En arquitectura, un signo del pasado significa un mito, mucho más que una mera función arquitectónica. La "historia" es un concepto altamente engañoso, pues sólo hay historias, cada una de las cuales sirve a alguna necesidad ideológica concreta del presente.

La rehabilitación de la iglesia de San Francisco de Sales en Filadelfia (1968) de Venturi y Rauch superpone heurísticamente presente y pasado. Fue construida porque la recién introducida (e incluso antigua resucitada)

práctica litúrgica de la iglesia católica reque-
ría un altar exento que sustituyera el tradi-
cional colocado contra la pared. En lugar
de destruir el viejo santuario, Venturi y Rauch
lo dejaron como estaba e instalaron un tubo
eléctrico catódico (que ya se ha eliminado)
colgado de un cable a tres metros de altura,
paralelo al suelo y justo encima de la altura
de los ojos de los feligreses cuando están
sentados. El cable eléctrico trazaba un semi-
círculo elíptico con una inflexión hacia dentro
que seguía la perspectiva de la línea de
visión de los feligreses y la alineación del
viejo altar. Discurría justo desde detrás del
nuevo altar, siguiendo la curvatura del ábside
que se encontraba detrás de él, para definir
un límite que separaba el antiguo altar posterior del nuevo altar, cuyas actividades estaban
iluminadas funcionalmente por la lámpara.
El tubo de luz funcionaba sólo como un signo
(que no sustituía nada), un indicador bidi-
mensional y gráfico que dibujaba una línea
(mental) a través del viejo altar (dejándolo
así en una relativa oscuridad) sin destruirlo
visualmente. Literalmente, el tubo iluminaba

y delimitaba la nueva zona y de este modo yuxtaponía lo nuevo y lo antiguo, colocando a uno y otro en una relación histórica o arqueológica. Venturi proponía la palabra "híbridos" para este tipo de obras que combinan dos categorías de significado y descripción contradictorios o que se excluían mutuamente: "Prefiero los elementos híbridos a los 'puros' [...], los ambiguos a los 'articulados' [...]. Prefiero 'eso y lo otro' a 'o eso o lo otro', el blanco y el negro, y algunas veces el gris, al negro o al blanco".[24] De nuevo: "Nuestro proyecto para el Memorial F. D. R. era arquitectura y paisaje; nuestra fundación para el Philadelphia Fairmount Park Commission era arquitectura y escultura; nuestro proyecto para Copley Plaza, arquitectura y urbanismo, [mientras que] el estadio de fútbol Hall of Fame es un edificio y una valla publicitaria".[25]

La tarea de la obra de arte o de arquitectura no consiste en la resolución de conflictos sociales o ideológicos en una bella obra de arte, ni en la construcción de un nuevo contenedor-contenido ideológico; la obra de arte dirige la atención hacia las costuras existentes entre las diferentes representaciones ideológicas (poniendo de manifiesto la variedad contradictoria de las lecturas ideológicas).[26]

Para hacerlo, la obra utiliza una forma híbrida que participa tanto de un código popular de entretenimiento como de un análisis político basado en la teoría de la forma, y tanto en el código de la información como en el estéticamente formal.

Notas:

[1] Flavin, Dan, "Some remarks…; … Excerpts from a spleenish journal", en *Artforum*, diciembre de 1966.

[2] Flavin, Dan, "Some other comments", en *Artforum*, diciembre de 1967.

[3] La gente tiende a comparar los fluorescentes de Flavin con los *readymades* de Duchamp. Es importante establecer una distinción. Duchamp tomaba un objeto producido como una mercancía del sector no artístico y lo introducía en la galería de arte en una aparente contradicción tanto de la función habitual de la galería (que designa ciertos objetos como "arte" y excluye otros) como de otros objetos artísticos "no contaminados" dentro de la galería de arte. A un nivel de verdad abstracta o lógica, este hecho parecería cuestionar la función aristocrática del arte y de la galería de arte como institución. De hecho, la crítica de Duchamp se efectúa solamente a nivel conceptual y filosófico, y se reintegraba de inmediato en las definiciones de las instituciones artísticas de qué constituye (la función de) el arte sin dirigir la atención del espectador a los detalles concretos y prácticas del funcionamiento de la galería o del arte con relación a la sociedad como un momento histórico específico. La obra de Duchamp resuelve la contradicción entre la galería de arte y el arte con relación a la sociedad en una abstracción totalizadora; es más, es ahistórica: la condición del "arte" se considera como algo que ni es social ni está sujeto a cambio. Por el contrario, los fluorescentes de Flavin sólo "funcionan" gracias a las circunstancias concretas de la instalación, tanto por razones de necesidad como de cálculo estético.

[4] Buren, Daniel, "Notes on work in connection with the places where it is situated. Taken between 1967 and 1975", en *Studio International*, septiembre/octubre de 1975.

[5] En los últimos años, el vidrio transparente se ha invertido al sustituir las fachadas de vidrio mediante el uso de vidrio espejado reflectante (o semirreflectante, de un solo sentido). Al contrario de lo que sucedía con las estructuras de vidrio transparentes, que ponían abiertamente de manifiesto su estructura, los actuales edificios de vidrio presentan al observador una forma exterior netamente abstracta (en el interior, el trabajador de la empresa goza un punto de vista privilegiado y oculto): un cubo, un hexágono, una forma trapezoidal o una pirámide.

[6] Beveridge, Karl; Burn, Ian, "Don Judd", en *The Fox*, 2, 1975, págs. 129-142, especialmente pág. 138.

[7] Roy Lichtenstein entrevistado por Gene R. Swenson en *Art News*, noviembre de 1965.

[8] La serie estadounidense *Mary Hartman, Mary Hartman* funciona de una manera no muy distinta al arte de Lichtenstein. Por un lado podría leerse como una "telenovela". Para el espectador era imposible saber si era una cosa u otra. Su adscripción a los principios de identificación con personajes en un formato narrativo, su honestidad emocional y otras convenciones de las "telenovela" permitían que fuera creíble como tal. En *Mary Hartman, Mary Hartman* la validez de la propia sátira se veía rebajada continuamente por la "realidad" emocional de los problemas de los personajes que, de hecho, se parecían a la mayoría de los estadounidenses.

Dado que el programa estaba concebido de este modo como una forma tanto de "gran" arte como de arte popular, los guionistas y actores del programa nunca se hacían ilusiones; no llegaban a pensar que el programa fuera una "alta" forma de arte ni se tomaban totalmente en serio a sí mismos como "estrellas" o manipuladores de los medios de comunicación.

[9] Lissitzky, El, "Superestructura ideológica" (octubre de 1929), en *1929: la reconstrucción de la arquitectura en la URSS*, Editorial Gustavo Gili, Barcelona, 1970, pág. 53.

[10] Scott Brown, Denise, "An alternative proposal that builds on the character and population of South Philadelphia", en *Architectural Forum*, octubre de 1971.

[11] Roy Lichenstein entrevistado por Gene R. Swenson, *op. cit.*

[12] Venturi, Robert; Scott Brown, Denise, *Learning from Las Vegas*, The MIT Press, Cambridge (Mass.), 1972 (versión castellana: *Aprendiendo de Las Vegas: el simbolismo olvidado de la forma arquitectónica*, Editorial Gustavo Gili, Barcelona, 1978).

[13] Venturi, Robert, *Complexity and contradiction in Architecture*, The Museum of Modern Art, Nueva York, 1966 (versión castellana: *Complejidad y contradicción en la arquitectura*, Editorial Gustavo Gili, Barcelona, 1972, págs. 206-210).

[14] Kallman, McKinnell y Knowles, Ayuntamiento de Boston, Estados Unidos, 1963 [N. del T.].

[15] La *urban renewal* (renovación urbana), o *urban regeneration* (regeneración urbana) alcanzó su punto álgido entre finales de la década de 1940 e inicios de la de 1970. Aunque tuvo su origen en el desarrollo de barrios residenciales y zonas comerciales, tuvo un efecto enorme en el paisaje estadounidense y a menudo dio como resultado una gran expansión urbana (*sprawl*) y la destrucción de barrios consolidados socialmente [N. del T.].

[16] Venturi, Robert; Scott Brown, Denise, *Aprendiendo de Las Vegas, op. cit.*, págs. 183-184.

[17] En Estados Unidos, Levittown es el nombre que recibieron tres suburbios construidos después de II Guerra Mundial por Levitt & Sons, la empresa constructora más importante del país por entonces. Al utilizar técnicas de fabricación en serie, hicieron que la construcción pasara de emplear métodos artesanales a la construcción en serie. Sus métodos fueron copiados por constructores de todo el país [N. del T.].

[18] Venturi, Robert; Scott Brown, Denise, *Aprendiendo de Las Vegas, op. cit.*, pág. 188 y ss.

[19] Lady Bird Johnson, esposa del presidente de Estados Unidos Lyndon B. Johnson, cuyo mandato duró de 1963 a 1969, fue gran defensora del "embellecimiento" del país [N. del T.].

[20] Brecht, Bertolt, "Alienation effects in Chinese acting", en *Brecht on Theatre*, Nueva York, 1964, págs. 32-51.

[21] Barthes, Roland, "Rhétorique de l'image" (1964), en *L'Obvie et l'obtuse*, Éditions du Seuil, París, 1982 (versión castellana:

"Retórica de la imagen", en *Lo obvio y lo obtuso: imágenes, gestos, voces*, Paidós, Barcelona, 1992[2]).

[22] Benjamin, Walter, *Das Kunstwerk in Zeitalter seiner technischen Reproduzierbarkeit*, en *Gesammelte Schriften*, vol. 1-2, Suhrkamp Verlag, Fráncfort, 1989 (versión castellana: *La obra de arte en la época de su reproductibilidad técnica*, en *Walter Benjamin. Obras*, libro I, vol. 2, Abada Editores, Madrid, 2008, pág. 22).

[23] Oliver, Richard; Ferguson, Nancy, "The environment is a diary", en *Architectural Record*, febrero de 1978.

[24] Venturi, Robert, *Complejidad y contradicción en la arquitectura*, *op. cit.*, págs. 25-26.

[25] Venturi, Robert, citado en Maxwell, Robert, "The Venturi effect", en *Venturi and Rauch. The public buildings*, Academy Editions, Londres, 1978.

[26] Este hecho discurre paralelo a la teoría semiótica francesa, con la crítica que hace Julia Kristeva al texto unitario basado en la "construcción de una única identidad (con su propia identidad consecuente)". En su lugar, Kristeva aboga por un texto de varias voces "donde (diferentes) discursos se enfrentan entre sí [...], compiten" y que constituye "un aparato para exponer y agotar las ideologías en su confrontación". Kristeva, Julia, "The ruin of a poetics", en *20th-Century Studies*, 7-8, 1972.